Anneke Oostmeijer

Pergamano®

Jugendstil motieven

Anneke Oostmeijer
Auteur - Illustrator
Erkend Pergamano Docente

Planetenlaan 63
9742 HB GRONINGEN
The Netherlands
E-mail: aa.oostmeijer@home.nl
Home Page: http://www.annekeoostmeijer.nl

LRV Kreatief

INHOUD

Pergamano® is een geregistreerd merk.

© 1996 LRV-Kreatief, Baarn

Omslagontwerp: Hesseling Design, Ede
Fotografie: Studio voor fotografie, Utrecht
Zetwerk: Elgraphic bv, Schiedam

ISBN 90 384 1009 3
NUGI 440
Voor het gebruik van het geregistreerde merk Pergamano in dit boek is toestemming verleend door Marjo-Arte BV.

VOORWOORD

Mijn collega Anneke heeft mij gevraagd of ik in haar derde boekje een voorwoord wil schrijven; nu dat doe ik graag. Met veel voldoening zie ik de verscheidenheid aan Pergamano ontwerpen toenemen. Dat is fijn voor u; hoe meer variatie, hoe groter de afwisseling en des te beter zal u slagen in uw zoektocht naar het gewenste patroon. In dit boekje heeft Anneke een 'lijn' uitgebracht van Jugendstil-achtige ontwerpen, die het uitstekend doen in perkamentpapier. Er komt veel uitprikwerk aan te pas, waarbij de tweenaaldspen onontbeerlijk is. Met gekleurd papier als inlegmateriaal kunt u de gevormde openingen contrast geven. Ik ben er zeker van dat Anneke met dit Pergamano boek bij u in de roos heeft geschoten. Zij zal de verwoede kunstenaar met perkamentpapier heel wat uurtjes prettig bezig houden, alleen of samen met anderen. Daarom Anneke, proficiat en veel succes! Met dit prachtige derde boek heb je voor een belangrijke aanvulling op de Pergamano reeks gezorgd. Probeer het boek gerust uit, maar pas op, de creatieve hobby met perkamentpapier is een beetje verslavend...!

Martha Ospina

INLEIDING

Bij het ontwerpen van nieuwe patronen voor werkstukken van perkamentpapier, heb ik het deze keer gezocht in de Jugendstil stijl, maar natuurlijk ook in de ons zo vertrouwde stijl.
Ik heb geprobeerd zoveel mogelijk verschillende technieken, vormen en kleuren toe te passen, zodat er voor ieder wel weer iets leuks bij is.
In dit boek is gekozen voor de thema's: vogels, tafeldecoraties, cadeau-enveloppen, cadeaudoosjes, labeltjes, bloemen en kerst.
Bij het maken van uw werkstukken zullen ongetwijfeld de prachtige kleurenfoto's een steun voor u zijn.
Mijn dank gaat uit aan Martha Ospina die mij de mogelijkheid biedt dit Pergamanoboek te maken en aan Anja Timmerman voor haar kreatieve ideeën en adviezen. Ik wens u allen veel plezier en succes bij het maken van uw werkstukken.
Uw reakties of ideeën kunt u mij doorgeven via mijn uitgever: LRV Kreatief, Postbus 133, 3749 AC Baarn.

Anneke Oostmeijer.

Nederland 23-11-2009

TIPS EN TECHNIEKEN

Indien u gaat uitprikken of perforeren met uw tweenaaldspen, kunt u het volgende doen om een prachtige kartelrand te krijgen.
Knip met het puntschaartje uw perforatie, welke door het gebruik van de tweenaaldspen zeer regelmatig is, uit in plaats van dit uit te drukken of uit te scheuren.
Gebruik de kniptechniek, zoals bij de viergatsperforatie.

Heeft u een patroon met veel overtrekwerk met Tinta wit (bijv. vouwlijnen en omtreklijnen van doosjes) dan kunt u dit werk vervangen door gebruik te maken van uw fijnste ciseleerkogelpen.
Ciseleer de omtreklijnen aan de voorzijde van uw patroon.
Knip of snijd de omtreklijnen uit en ciseleer de vouwlijnen aan de achterzijde van het perkamentpapier.

Om een brede omtreklijn in het goud te maken, kunt u het volgende doen:
Trek eerst de omtreklijn van uw kaart over met Tinta goud en herhaal vervolgens dit met Tinta goud met een penseel.
Maak nu deze lijnen zo breed als u zelf wenst. Knip bijv. met een figuurschaartje de omtrek uit of als u de omtrek uitprikt knip het dan met een puntschaartje uit.

Pareltjes gebruiken we meestal als bloemenhartje voor bloemen in 3D techniek.
Wat u ook kunt doen is stippen met een flesje Colorpoint van het merk 'Tulip'. U krijgt zo hetzelfde effect n.l. de aangebrachte verf ligt als het ware als een parel op het papier.
Colorpoint is verkrijgbaar in vele kleuren in de meeste hobbyzaken.

Indien u voor uw schilderwerk een schoteltje gebruikt, leg hierover dan eest een stukje folie.
Doe hierop uw verf en wanneer de folie vol is met verfresten, kunt u de folie weer snel en makkelijk vervangen.

VOGELKAARTEN

1. Vogels in een zeshoek

Overtrekken:
Tinta goud (nr. 22T): de dubbele omtreklijnen.
Tinta groen (nr. 04T): takken.
Tinta bladgroen (nr. 10T): bladeren.
Tinta rood (nr. 03T): pootjes, snaveltjes, kopjes, staarten vogeltjes.
Tinta zwart (nr. 11T): oogjes vogeltjes.
Tinta blauw (nr. 02T): vleugels en borst vogeltjes.

Schilderen:
Pinta-Perla geel (nr. 16N) + Pintura bruin (nr. 12) + Pintura groen (nr. 08): takken.
Pinta-Perla geel (nr. 16N) + Pintura bruin (nr. 12): bladeren.
Pinta-Perla groen (nr. 08N) + Pintura groen (nr. 08) + Pintura bruin (nr. 12): bladeren.
Pinta-Perla groen (nr. 08N) + Pintura groen (nr. 08): bladeren
Pintura zwart (nr. 11): oogjes vogeltjes
Pintura wit (nr. 01): glimplek oogjes vogeltjes.
Pintura rood (nr. 03): pootjes vogeltjes.
Pinta-Perla geel (nr. 16N) + Pintura bordeaux rood (nr. 51): kopjes + staarten vogeltjes.
Pinta-Perla groen (nr. 08N) + Pintura blauw (nr. 02): vleugeltjes en borst vogeltjes.

Ciseleren:
Vogeltjes, bladeren, takken, dubbele omtreklijnen kaart.

Perforeren:
Perforeer met de tweenaaldspen alle met puntjes aangegeven gedeelten in het motief en de omtrek van de kaart.

Knippen:
Knip met het puntschaartje alle geperforeerde gedeelten uit.

Afwerking:
Vouw de kaart dubbel en plaats er een blauwe binnenkaart in. Eventueel de achterzijde van de kaart dorseren in plaats van een binnenkaart te gebruiken

2. Vogel in een rechthoek

Overtrekken:
Tinta goud (nr. 22T): omtreklijnen kaart, omtreklijnen venster.
Tinta bladgroen (nr. 10T): bladeren.
Tinta zwart (nr. 11T): vogel.

Schilderen:
Pinta-Perla geel (nr. 16N) + Pintura groen (nr. 08): takken.
Pinta-Perla geel (nr. 16N) + Pintura bruin (nr. 12) + Pintura groen (nr. 08): bladeren.
Pintura rood (nr. 03): snavel vogel.
Pinta-Perla geel (nr. 16N) + Pintura oranje (nr. 06): gedeelte vleugels vogel.
Pinta-Perla geel (nr. 16N) + Pintura blauw (nr. 02): overige gedeelte vleugels en staart vogel, kopje vogel.
Pintura zwart (nr. 11): oogje vogel.

Dorseren:
Dorso blauw ass.l.: venstergedeelte kaart.

Ciseleren:
Bladeren, takken, vogel, vensterlijnen, omtreklijnen kaart.

Perforeren:
niet van toepassing.

Afwerking:
Vouw de kaart dubbel en knip met een figuurschaartje de kaart rondom uit.

3. Vogel in een cirkel

Overtrekken:
Tinta wit (nr. 01T): omtrek kaart, motiefjes in de perforatierand.
Tinta goud (nr. 22T): cirkel midden op de kaart.
Tinta groen (nr. 04T): takken.
Tinta sepia (nr. 12T): tak waarop de vogel staat.
Tinta rood (nr. 03T): poten, staart, borst, kopje vogel.
Tinta blauw (nr. 02T): vleugel vogel.

Schilderen:
Pinta-Perla geel (nr. 16N) + Pintura groen (nr. 08) + Pintura bruin (nr 12): gedeelte takken.
Pinta-Perla groen (nr. 08N) + Pintura groen (nr. 08): gedeelte takken.
Pintura geel (nr. 16) + Pintura cinnamon (nr. 52): tak waarop de vogel staat.
Pinta-Perla brons (nr. 30N) + Pintura bordeaux rood (nr. 51): staart, poten, kopje vogel.
Pinta-Perla groen (nr. 08N) + Pintura blauw (nr. 02): vleugel vogel.
Pintura zwart (nr. 11): oogje vogel.

Perforeren:
Met de viernaaldspen het perforatieraster.

Ciseleren:
Takken, vogel, kaartomtrek, cirkel.
Motiefjes in de perforatierand.

Perforeren vervolg:
Perforeer nu met de tweenaaldspen alle aangegeven gedeelten. Eveneens de kaartomtrek.

Knippen:
Knip de perforatierand uit tot kruisjes en sleufjes.
Knip de geperforeerde gedeelten in de middencirkel uit.
Knip de geperforeerde kaartomtrek uit.

Afwerking:
Vouw de kaart dubbel en plaats er een binnenkaart in.

TAFELVERSIERING

4. Menukaart

Overtrekken:
Tinta goud (nr. 22T): het gehele motief, omtreklijnen kaart, tekst.

Ciseleren:
Het gehele motief, omtreklijnen kaart, tekst.

Perforeren:
Perforeer met de tweenaaldspen alle aangegeven gedeelten in het motief en de omtrek van de kaart.

Knippen:
Knip alle geperforeerde gedeelten van de kaart uit.

Afwerking:
Vouw de kaart dubbel en maak er een donkerrode binnenkaart in.

5. Tafelkaart

Zie werkbeschrijving Menukaart nr. 4

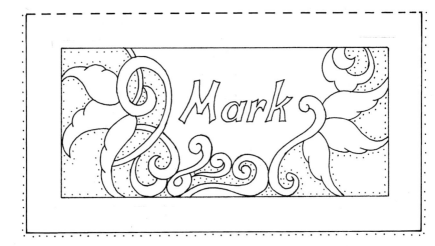

6. Servetring

Zie werkbeschrijving
Menukaart nr. 4.

7. Onderzetter

Zie werkbeschrijving
Menukaart nr. 4.
Bijzonderheden:
De onderzetter kunt u –
indien u geabonneerd bent
op het blad 'Perga Doe' –
bestellen bij: Marjo Arte
BV, Postbus 2288, 1180 EG
Amstelveen, onder
vermelding van: Kunststof
onderzetter, rond, nr. A9.

CADEAU-ENVELOPPEN EN CADEAUDOOSJE

8. Cadeau-enveloppe

Overtrekken:
Tinta goud (nr. 22T): de dubbele rechte lijnen in de punt.
Tinta wit (nr. 01T): de dubbele lijnen van het motief in de punt. De omtrek- en vouwlijnen van de enveloppe.

Dorseren:
Dorso paars assort.2.: de gehele enveloppe.

Ciseleren:
Tussen de dubbele goudlijnen in de punt van de enveloppe.
Motief in de punt van de enveloppe.
Vouwlijnen, omtreklijnen van de enveloppe.

Perforeren:
Perforeer met de tweenaaldspen het motief in de punt van de enveloppe.
Perforeer de omtrek van de punt van de enveloppe.

Knippen:
Knip alle geperforeerde gedeelten van het motief en de omtrek van de punt van de enveloppe uit.

Afwerking:
Knip of snijd de zijkanten en de onderkant van de enveloppe uit.
Vouw via de stippellijnen alles naar binnen.
Lijm de plakstroken op elkaar met Pergakit.

9. Cadeau-enveloppe

Overtrekken:
Tinta goud (nr. 22T): omtrek en motief in de punt van de enveloppe.

Dorseren:
Dorso turkoois assort.1 + Dorso blauw assort.1: de gehele enveloppe.
(Deze twee Dorso's door elkaar gebruiken).

Ciseleren:
Omtreklijn en motief in de punt van de enveloppe.

Afwerking:
Perforeer met de tweenaaldspen de omtrek van de punt van de enveloppe.
Knip de perforatie daarna uit.
Knip of snijd de zijkanten en de onderkant van de enveloppe uit.
Vouw langs de vouwlijnen alles naar binnen.
Lijm de plakstroken op elkaar met Pergakit.

10. Cadeau-doosje
Overtrekken:
Tinta goud (nr. 22T): golfrand, stippen, motief, omtreklijnen motief deksel, motief zijkanten doosje.
Tinta wit (nr. 01T): de overige omtreklijnen en vouwlijnen van het doosje.

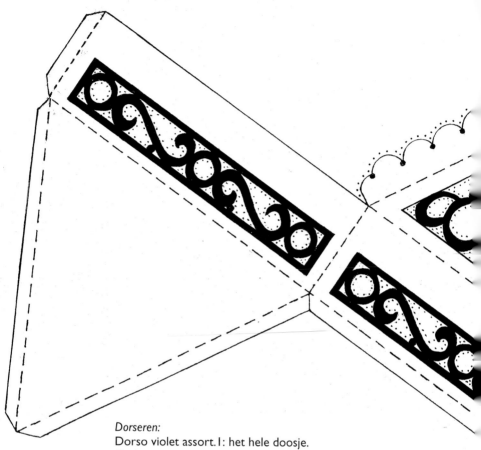

Dorseren:
Dorso violet assort. I: het hele doosje.

Ciseleren:
Golfrand, stippen, motief, omtrek- en vouwlijnen deksel doosje.
Motief zijkanten doosje.

Perforeren:
Perforeer met de tweenaaldspen alle aangegeven gedeelten
van het motief in het patroon.
Perforeer de golfrand van de deksel van het doosje.

Knippen:
Knip alle geperforeerde gedeelten uit.

Afwerking:
Knip of snijd de omtrek van de overige gedeelten van het
doosje uit en vouw alles naar binnen langs de vouwlijnen.
Lijm de plakstroken op elkaar met Pergakit.

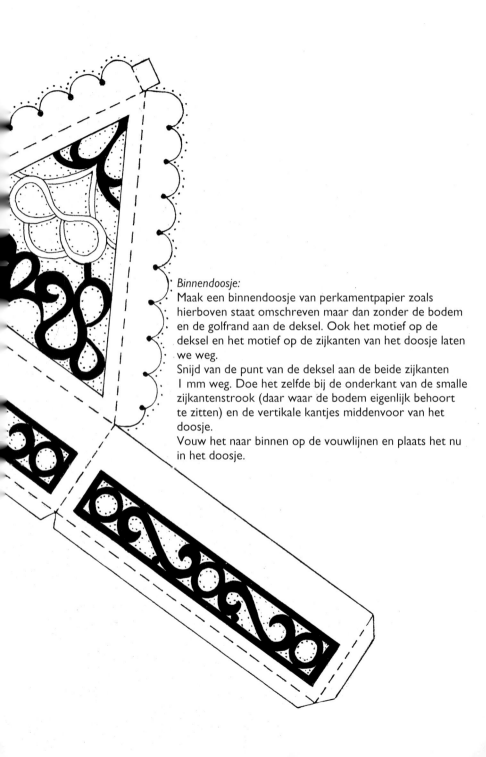

Binnendoosje:

Maak een binnendoosje van perkamentpapier zoals hierboven staat omschreven maar dan zonder de bodem en de golfrand aan de deksel. Ook het motief op de deksel en het motief op de zijkanten van het doosje laten we weg.

Snijd van de punt van de deksel aan de beide zijkanten 1 mm weg. Doe het zelfde bij de onderkant van de smalle zijkantenstrook (daar waar de bodem eigenlijk behoort te zitten) en de vertikale kantjes middenvoor van het doosje.

Vouw het naar binnen op de vouwlijnen en plaats het nu in het doosje.

LABELS

11. Labeltje achthoekig

Overtrekken:
Tinta goud
(nr.22T): het
gehele motief.

Ciseleren:
Het gehele
motief.

Perforeren:
Perforeer met
de
tweenaaldspen
de omtrek en de overige aangegeven gedeelten in het motiefje.

Knippen:
Knip alle geperforeerde gedeelten uit.

Afwerking:
Vouw de label en plaats er een gekleurd binnenkaartje in.

12. Labeltje rond gegolfd

Overtrekken:
Tinta rood (nr.
03T): het gehele
motief.

Schilderen:
Pinta-Perla geel (nr.
16N) + Pintura
bordeaux rood (nr.
51): het gehele
motief.

Ciseleren:
Het gehele motief.

Perforeren:
Perforeer met de tweenaaldspen de omtrek en de overige aangegeven gedeelten van het motiefje.

Knippen:
Knip de omtrek en de overige geperforeerde gedeelten uit.

Afwerking:
Vouw de label en plaats er een gekleurd binnenkaartje in.

13. Labeltje ovaal

Overtrekken:
Tinta bladgroen (nr.10T): bladeren, steeltjes.
Tinta sepia (nr. 12T): bloem.
Tinta goud (nr. 22T): de dubbele omtreklijnen.

Schilderen:
Pinta-Perla geel (nr. 16N) + Pintura groen (nr. 08): bladeren, steeltjes.
Pintura groen (nr. 08): bladnerf bladeren.
Pintura geel (nr. 16): bloem.
Pintura bruin (nr. 12): stampertjes bloem.

Ciseleren:
Het gehele motief en tussen de twee goudlijnen van de omtrek.

Perforeren:
Perforeer met de tweenaaldspen de omtrek en de overige aangegeven gedeelten.

Knippen:
Knip de omtrek en de overige geperforeerde gedeelten uit.

Afwerking:
Vouw de label en plaats er een gekleurd binnenkaartje in.

ZONNEKAART EN JUGENDSTILKAART

14. Zonnekaart

Overtrekken:
Tinta goud (nr. 22T): de dubbele omtreklijnen.
Tinta sepia (nr. 12T): het hele motief.

Schilderen:
Pintura geel (nr. 16): zon, zonnestralen.
Pinta-Perla geel (nr. 16N) + Pinta-Perla brons (nr. 30N): alle krulmotiefjes.

Ciseleren:
Tussen de twee omtreklijnen, zon, zonnestralen, alle krulmotiefjes.

Perforeren:
Perforeer met de tweenaaldspen de omtrek van de kaart en alle overige aangegeven gedeelten van het motief.

Knippen:
Knip de omtrek van de kaart uit en ook alle overige aangegeven gedeelten van het motief.

Afwerking:
Vouw de kaart dubbel en plaats er een binnenkaart in.

15. Jugendstil in een vierkant

Overtrekken:
Tinta goud (nr. 22T): het gehele motief.
Dubbele omtreklijnen.

Schilderen:
Pinta-Perla geel (nr. 16N): 'bloem' in het midden.
Pintura geel (nr. 16) + Pinta-Perla brons (nr. 30N): 1e cirkel rond de 'bloem' en de dwarsliggende tussenstukjes.
Pinta-Perla geel (nr. 16N) + Pintura oranje (nr. 06): 2e cirkel rond de 'bloem'.
Pinta-Perla geel (nr. 16N) + Pintura rood (nr. 03): de vier 'krakelingen' die schuin op de 2e cirkel liggen.
De aangegeven gedeelten A.
Pinta-Perla rood (nr. 03N) + Pintura rood (nr. 03): de overgebleven krullijnen in de hoeken van de kaart.

Ciseleren:
Het gehele motief.
De dubbele omtreklijnen.

Perforeren:
Perforeer met de tweenaaldspen het gehele motief zoals is
aangegeven.

Knippen:
Knip alle geperforeerde gedeelten uit.

Afwerking:
Knip of snijd de kaartomtrek uit en vouw de kaart dubbel.
Plaats er een binnenkaart in, bijv. bordeau rood of uw eigen
keuze.

HARTENKAART EN ROZENKAART

16. Hartenkaart

Algemeen:

De 3 bloemen worden in 3D techniek gemaakt op een apart stukje perkamentpapier.

Overtrekken:
Tinta wit (nr. 01T): alle krulmotieven in de rand van de kaart.
Tinta bladgroen (nr. 10T): bladeren.
Tinta rood (nr. 03T): bloemen (dus op een apart stukje perkamentpapier ook 3 bloemen).

Schilderen:
Pinta-Perla groen (nr. 08N) + Pintura groen (nr. 08): bladeren.
Pinta-Perla rood (nr. 03N) + Tinta rood (nr. 03T) + Pintura zwart (nr. 11): bloemen.
Pintura groen (nr. 08): bladnerf bloemen.
(Schilder de 3 bloemen op het aparte stukje perkamentpapier, zoals hierboven staat beschreven).

Ciseleren:
Het hele krulmotief in de rand van de kaart.
Bloemen en bladeren.

Perforeren:
Perforeer met de tweenaaldspen de omtrek van de kaart en alle aangegeven tussenliggende gedeelten in het krulmotief in de rand van de kaart.

Knippen:
Knip alle geperforeerde gedeelten uit.

Afwerking:
Vouw de kaart dubbel.
Neem het aparte stukje perkamentpapier, waarop u de drie bloemen heeft gemaakt en ciseleer de bloemen.
Knip nu de drie bloemen uit en krul tussen duim en wijsvinger ieder bloemblaadje om.

Neem een klein dotje Pergakit op een cocktailprikker en
plaats dit op de bloemen van uw kaart (herhaal dit nog twee
keer).
Met een pincet drukt u nu bloem voor bloem op de dotjes
Pergakit. Laat dit goed drogen.
Neem nu weer een dotje Pergakit op een cocktailprikker en
plaats in alle drie bloemen een beetje.
Neem voor iedere bloem, vier rode afgeknipte stampertjes
en rangschik deze met een pincet in het dotje Pergakit. Laat
ook dit weer goed drogen. Maak nu nog een rode
binnenkaart in uw kaart van perkamentpapier.

17. Rozenkaart

Overtrekken:
Tinta goud (nr. 22T): omtrek kaart.
Tinta wit (nr. 01T): het gehele motief.

Ciseleren:
Kaartomtrek, gehele motief.

Perforeren:
Perforeer met de tweenaaldspen de omtrek van de kaart en de overige aangegeven gedeelten in het motief.

Knippen:
Knip de omtrek en de overige geperforeerde gedeelten van het motief uit.

Afwerking:
Vouw de kaart dubbel en plaats er een gekleurde inlegkaart in. Ook kunt u de achterzijde van de kaart dorseren in de door u gekozen kleur.

Dit patroon is verkleind. Kopiëren op 159 %.

KERSTVERSIERINGEN

18. Bloem in een achthoek

Overtrekken:
Tinta goud (nr. 22T): omtrek kaart, omtrek venster, diagonale lijnen, 8 verbindingslijnen, 16 stippen.
Tinta wit (nr. 01T): gegolfd binnenmotiefje, 4 geruite vlakken.
Tinta rood (nr. 03T): bloem.
Tinta bladgroen (nr. 10T): bladeren.

Schilderen:
Pinta-Perla groen (nr. 08N) + Pintura groen (nr. 08) + Pintura bruin (nr. 12): bladeren.
Pintura groen (nr. 08): bladnerf.

Pinta-Perla rood (nr. 03N) + Pintura rood (nr. 03): bloem.
Pintura zwart (nr. 11): bladnerf bloem.
Pintura wit (nr 01): hartje bloem.
Pintura bruin (nr. 12): stampertjes bloem.

Perforeren:
Perforeer met de viernaaldspen het perforatieraster.

Ciseleren:
Motiefjes in het perforatieraster (4 keer)
Omtreklijnen kaart, omtreklijnen venster, diagonale lijnen, 8
verbindingslijnen, gegolfd motief, stippen (16x), bloem,
bladeren, geruit motief (4x).

Perforeren vervolg:
Perforeer met de tweenaaldspen alle aangegeven gedeelten
in het venster.
De kaartomtrek ook perforeren met de tweenaaldspen.

Knippen:
Knip de perforatie uit tot kruisjes en sleufjes van het
perforatieraster. De aangegeven gedeelten met een x
dammetjes knippen.
Knip alle geperforeerde gedeelten (die van de
tweenaaldspen) ook uit.

Afwerking:
Vouw de kaart dubbel en plaats er een groene binnenkaart in.

19. Opengewerkte kerstkaart

Overtrekken:
Tinta goud (nr. 22T): omtrek kaart, grote ballen, dubbele
vensterbooglijnen, dubbele omtreklijnen kaart, 8x motiefje
onderaan de kaart, 8x sterren in deze motiefjes.
Tinta bladgroen (nr. 10T): krulmotief, hulstbladeren.
Tinta rood (nr. 03T): bloemen, besjes, strik.

Schilderen:
Pinta-Perla groen (nr. 08N) + Pintura groen (nr. 08):
krulmotieven, hulstbladeren.
Pintura groen (nr. 08): bladnerf en steeltjes.
Tinta goud (nr. 22T): 2 kerstballen.
Pinta-Perla rood (nr. 03N) + Pintura rood (nr. 03): bloemen,
strik.

Pintura rood (nr. 03): besjes, bladnerf bloemen.
Pinta-Perla rood (nr. 03N): hartjes bloemen.
Pintura zwart (nr. 11): uiteinde besjes.
Pintura wit (nr. 01): glimplekjes op de besjes.

Perforeren:
Met de viernaaldspen volgens perforatieraster.

Ciseleren:
Kaartomtreklijnen, vensterbooglijnen, twee kerstballen,
bloemen, bladeren, strik, besjes, krulmotief, stippen, 8x
omtrek motiefjes perforatieraster, 8x stermotiefjes in het
perforatieraster.

Perforeren vervolg:
Perforeer met de tweenaaldspen de kaartomtrek, alle andere
aangegeven gedeelten in het venster en krulmotief.

Knippen:
Knip de perforaties in het raster uit tot kruisjes.
Knip de geperforeerde gedeelten in het krulmotief, venster
en de omtrek van de kaart uit.

Afwerking:
Vouw de kaart dubbel.
Gebruik eventueel een rode of een groene binnenkaart.

20. Kerst in het rond

Overtrekken:
Tinta goud (nr. 22T): omtrek kaart, vensterboogjes,
kerstballen, label, tekst.
Tinta bladgroen (nr. 10T): hulstbladeren.
Tinta rood (nr. 03T): besjes.

Schilderen:
Pinta-Perla geel (nr. 16N) + Pintura groen (nr. 08):
hulstbladeren wisselend met:
Pinta-Perla groen (nr. 08N) + Pintura groen (nr. 08):
hulstbladeren.
Pintura rood (nr. 03): besjes.
Pintura zwart (nr. 11): uiteinden besjes.
Pintura wit (nr. 01): glimplekjes besjes.
Pintura groen (nr 08): bladnerf hulstbladeren, steeltjes.

Ciseleren:
Omtreklijn kaart, omtreklijnen venster, label, besjes, hulstbladeren, kerstballen.

Perforeren:
Perforeer met de tweenaaldspen de omtrek van de kaart en het venstergedeelte.

Knippen:
Knip de omtrek van de kaart en het venstergedeelte uit.

Afwerking:
Vouw de kaart dubbel en maak er eventueel een binnenkaart in van rood of groen papier.

21. Kerstsfeerlichtje

Overtrekken:
Tinta goud (nr. 22T): golfjes omtrek.
Tinta wit (nr. 01): vouwlijnen, omtreklijnen bodem, motiefjes
in het perforatieraster.
Op een apart stukje perkamentpapier de gehele bodem.

Dorseren:
Dorso lichtgroen en turkoois assort 1
door elkaar: 8x de punten (c) aan
beide zijden van het
perkamentpapier.

Perforeren:
8x met de viernaaldspen het
perforatieraster.

Ciseleren:
Motiefjes in het
perforatieraster, omtrek
cirkel, dalvouwen (a) aan de
voorzijde, bergvouwen (b) aan de
achterzijde van het
perkamentpapier, vouwlijnen bodem.

Knippen:
Knip de perforaties uit van het raster tot kruisjes en sleufjes.
Knip de geperforeerde cirkel uit.
Snijd of knip het middengedeelte uit.
Snijd of knip de omtrek van de bodem (op het aparte stukje
perkamentpapier) uit.

Afwerking:
Prik de omtrek met de tweenaaldspen uit. Zet met Tinta
goud stipjes in de geciseleerde bloemetjes als hartje. Vouw
alle dalvouwen en bergvouwen.
Druk nu voorzichtig de gegolfde cirkel bij elkaar en houd dit
dan even vast tot het gewenste model ontstaat.
Lijm nu de losse bodem in het middengedeelte op de
plakstroken. Laat dit goed drogen. Plaats in het midden een
waxinelichtje.

NB: Opgelet brandgevaar! Blijf op uw hoede wanneer het
lichtje brandt.

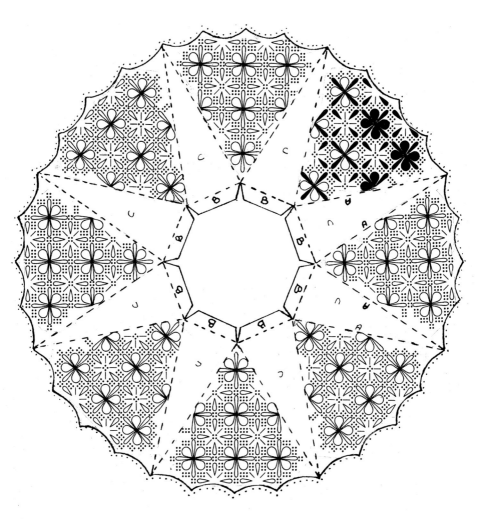

Dit patroon is verkleind. Kopiëren op 120 %.

PASSE-PARTOUT EN LABEL

22. Passe-partout

Algemeen:
Extra benodigdheden: een lijstje maat 10 x 15 cm.

Overtrekken:
Tinta goud (nr. 22T): dubbele omtreklijnen vensterraam.
Dubbele buiten lijnen.
Tinta bladgroen (nr. 10T): krulmotief.
Tinta sepia (nr. 12): 'bloemen', kleine bladeren.

Schilderen:
Pinta-Perla groen (nr. 08N) + Pintura groen (nr. 08) + Pintura bruin (nr. 12): krulmotief.
Pinta-Perla groen (nr. 08N)+ Pintura bruin (nr. 12): kleine bladeren.
Pinta-Perla rood (nr. 03N) + Pintura rood (nr. 03) + Pintura zwart (nr. 11): 'bloemen'.

Ciseleren:
Het gehele motief.
Tussen de vensterraamlijnen, tussen de buitenlijnen.

Perforeren:
Perforeer met de tweenaaldspen het vensterraam, de omtrek van de passe-partout, en alle overige aangegeven gedeelten in de rand.

Knippen:
Knip alle geperforeerde gedeelten uit.

Afwerking:
Maak van een gekleurd papier naar eigen kleurkeuze een achtergrond, in dezelfde maat (10 x 15 cm).
Plaats hierop uw foto, zodat het precies in het vensterraam past en plaats dit met uw passe-partout van perkamentpapier in het lijstje.

23. Grote label

Overtrekken:
Tinta goud (nr. 22T): gehele motief, omtrek label.
Tinta wit (nr. 01T): ruitjesmotief (3x).

Dorseren:
Dorso turkoois assort.1 + Dorso blauw assort.1: de gehele binnenzijde (dus twee dorso's door elkaar heen).

Ciseleren:
Het gehele motief.
Omtrek label.

Perforeren:
Perforeer met de tweenaaldspen de omtrek van de label.

Knippen:
Knip de geperforeerde omtrek uit.

Afwerking:
Vouw de label dubbel.

Dit patroon is verkleind. Kopiëren op 128 %.

Beschrijving blz. 48.

De patroondelen
op pagina 46/47
zijn op ware
grootte afgebeeld.
Vouw de punt van
de enveloppe uit.
Het patroon ziet
er dan als volgt
(sterk verkleind)
uit:

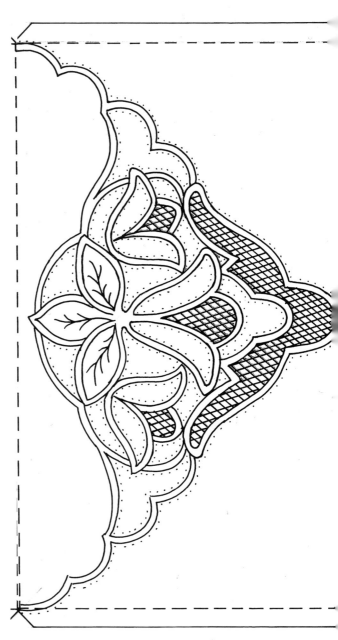

ADEAU-ENVELOPPE

4. Cadeau-enveloppe (zie achterzijde omslag)

vertrekken:
nta wit (nr. 01T): vouwlijnen, zijkanten en onderkant
veloppe.
nta goud (nr. 22T): alle dubbele lijnen van het motief in de
int van de enveloppe, ruitjes motief.

hilderen:
nta-Perla groen (nr. 08N) + Pintura groen (nr. 08): tussen
le dubbele goudlijnen, bladeren.
ntura groen (nr. 08): bladnerf bladeren.

orseren:
orso groen assort. l: gehele enveloppe.

iseleren:
lle gedeelten tussen de goudlijnen.
)mtrek punt enveloppe.

erforeren:
erforeer met de tweenaaldspen de omtrek van de punt van
c enveloppe en alle overige aangegeven gedeelten van het
notief.

nippen:
nip de geperforeerde omtrek van de punt van de enveloppe
it en alle overige aangegeven gedeelten van het motief.

fwerking:
nip of snijd de zijkanten en de onderkant van de enveloppe
it.
ouw de gedeelten aangegeven met stippellijnen naar binnen.
ijm de plakstroken tegen elkaar met Pergakit.

FANTASIE IN HET ROND

25. Fantasie in het rond

Overtrekken:
Tinta goud (nr. 22T): het gehele motief en de dubbele omtreklijnen.

Schilderen:
Algemeen: Vanuit het middelste rondje beginnen met: Pinta-Perla huidkleur (nr. 13N) + Pintura fuchsia (nr. 20): rondje in het midden met de daaraan vastloggende dwarsstukjes.
Pinta-Perla paars (nr. 07N) + Pintura fuchsia (nr. 20): de ovaaltjes en de booglijntjes.
Pintura blauw (nr. 02) + Pinta-Perla paars (nr. 07N): 8x het doorlopende motiefje vanuit de booglijntjes.
Pinta-Perla groen (nr. 08N) + Pintura blauw (nr. 02): aansluitend op de eerder genoemde motiefjes.
Pinta-Perla groen (nr. 08N) + Pintura groen (nr. 08): de rest van de krullijnen.
Pinta-Perla groen (nr. 08N) + Pintura blauw (nr. 02): enkele bladeren.
Pinta-Perla geel (nr. 016N) + Pintura blauw (nr. 02): enkele bladeren.
Pinta-Perla groen (nr. 08N) + Pintura groen (nr. 08): enkele bladeren in het gedeelte van de rand van de kaart. Tussen de twee omtreklijnen.

Ciseleren:
Het gehele motief.
Omtrek van de kaart.

Perforeren:
Perforeer met de tweenaaldspen alle aangegeven gedeelten van de kaart.
Tevens de omtrek van de kaart.

Knippen:
Knip alle geperforeerde gedeelten van de kaart uit.

Afwerking:
Vouw de kaart dubbel en plaats er een binnenkaart in.
Bepaal uw eigen kleurenkeuze in deze.